Jacques Cartier, en l'an de
ORIO
Pieno aestu
CORALLII
OCEANUS
ATLANTICUS
MURI
PARS
Cette carte n'a d'entendement
que réunie avec les deux autres.
Chacune est un plan rapproché
de la précédente. JC

Scénario : **MITTON**
Dessins : **MOLINARI**

Les Survivants de L'Atlantique

Livre cinquième

Tempête sur Trafalgar

Couleurs : **Sophie Balland**

Soleil

FLOOSCHH
ASSOMPTION A PERDU LA RAISON, CAPITAINE SURCOUF... IL N'Y A JAMAIS EU DE TRÉSOR SUR CETTE ÎLE !!
CROYEZ-VOUS, YANN LE SCORFF, QUE CE DIABLE DE KERBEUF VOUS AURAIT POURSUIVI JUSQU'ICI POUR RAMASSER DES COQUILLAGES ?
AH! AH! AH!
1

KERBEUF EST MORT,.. LA POURSUITE EST FINIE !
QUE LE DIABLE L'EMPORTE ET QUE LES CRABES LE BOUFFENT !
MAIS NOTRE EMPEREUR, LUI, EST BIEN VIVANT ! ET CROYEZ-VOUS QUE CE GRAND STRATÈGE M'AURAIT MISSIONNÉ PRÈS DE VOUS POUR PROCÉDER ICI À DES RELEVÉS CARTOGRAPHIQUES ?!
L'EMPEREUR ? ¿QUEL EMPEREUR ?
PAR SAINT-YVES ! MAIS NAPOLÉON BONAPARTE ! NAPOLÉON 1er... EMPEREUR DES FRANÇAIS... C'EST VRAI QUE VOUS AVEZ QUITTÉ L'EUROPE DEPUIS PLUSIEURS ANNÉES, LE SCORFF ! ET VOUS...
ATTENDEZ ! VOUS VOULEZ PARLER DE CE *BUONAPARTE* ? CE GÉNÉRAL CORSE ?
JE ME SOUVIENS... JE L'AI RENCONTRÉ... AU LOUVRE... UN PETIT PÈTE-SEC...
EH BIEN, SACHEZ QUE CE PETIT PÈTE-SEC, COMME VOUS DITES, EST PARTI À LA CONQUÊTE DU MONDE !
¡VIVE L'EMPEREUR !
IL VOLE DE VICTOIRES EN VICTOIRES POUR DONNER À LA FRANCE UN EMPIRE PLUS GRAND QUE CELUI DE CHARLEMAGNE ET CÉSAR RÉUNIS !
ET COMME TOUS LES TYRANS, COMME TOUS LES KERBEUF DE LA TERRE, IL VEUT DE L'ARGENT POUR ACHETER LES HOMMES ET LES CANONS !
FSHHHH
?!?
2

PAR... PAR SAINT-YVES!
ASSOMPTION! QU'EST-CE QUE...
DE L'OR! DE L'OR!
OUI... BEAUCOUP D'OR... LE TRÉSOR DE KERMADEC...
DE L'OR! DE L'OR! ÇA BRILLE!!
REGARDEZ! DES SCAPULAIRES! DES BRACELETS... JE... JE RÊVE!!!
LÀ... CETTE COUPE D'OR ET D'ARGENT!
CETTE COURONNE BOURRÉE DE SAPHIRS ET D'ÉMERAUDES!!
JE COMPRENDS MAINTENANT... CE CROCHET EN OR... AINSI, TOUS LES MATINS, TU PLONGEAIS
OUI, MON ROI YANN! POUR GARDER LE SECRET DÉCOUVERT UN BEAU MATIN, PAR HASARD...
UN TRÉSOR! NOUS SOMMES RICHES!!
DE L'OR! HOURRA!
EN AVANT!!!
NON! ATTENDEZ!!
EN AVANT! SOUS LA CASCADE!!
DE L'OR! DE L'OR!
EN AVANT!!
... À NOUS LE TRÉSOR!
FOLIE!
ATTENDEZ! C'EST UN ORDRE!!
3

LA FOLIE DE L'OR S'EST EMPARÉE DES FORBANS DE KERBEUF... LAISSONS-LES RÉCUPÉRER LE BUTIN... LIEUTENANT TRÉVIDIC ! SAISISSEZ LEURS ARMES !
BIEN, CAP'TAIN !
FOLIE ! FOLIE !!
TU COMPRENDS MAINTENANT, MON YANN, POURQUOI J'AI GARDÉ LE SECRET DE CE TRÉSOR...
POUR PRÉSERVER CETTE ÎLE DE LA LIBERTÉ... POUR ÉVITER QUE NOTRE PARADIS NE SE TRANSFORME EN ENFER...
TROP TARD... LE JARDIN DE VOLTAIRE... LA RÉPUBLIQUE DE ROUSSEAU... LA CITÉ IDÉALE DE DIDEROT... TOUT S'EST ÉVANOUI...
IL N'Y A PLUS DE RÉPUBLIQUE, LE SCORFF ! IL N'Y A PLUS DÉSORMAIS QU'UN GRAND EMPIRE FRANÇAIS ET UN EMPEREUR QUI SAURA VOUS RÉCOMPENSER... VOUS ÊTES MAINTENANT SOUS MES ORDRES !
?!!
4

DE L'OR ! DE L'OR À LA PELLE !
DES DOUBLONS ! DES VRAIS !
UNE FORTUNE DORMAIT SOUS CETTE CASCADE, ET...
VOUS ÊTES EN ÉTAT D'ARRESTATION ! DÉPOSEZ CES CAISSES ICI, SUR LA BERGE !
...QU...QUOI ?
PAR LE CUL DE SAINT GUÉNOLÉ ! C'EST PAS UN PETIT CORSAIRE DE MES COUILLES QUI VA FAIRE LA LOI !
BEN VRAI ÇA !
JUSTEMENT SI ! JE COMMANDE DÉSORMAIS CETTE MISSION AU NOM DE L'EMPEREUR !
?!!
TRÉVIDIC !!
OUI, CAPTAIN !
BDOWN !
..GHH...
JE N'AIME NI LES GROS CONS NI LES MUTINS !...
...VOUS ALLEZ TRANSPORTER CES COFFRES JUSQU'AUX CHALOUPES ! ET QU'IL NE MANQUE PAS UN SEUL DOUBLON... SINON...
5

LE SCORFF! AU NOM DE L'EMPEREUR JE VOUS RÉTABLIS AU GRADE DE LIEUTENANT DE VAISSEAU AFIN DE RECONDUIRE MA MISSION À PARIS ET...
VOUS ÊTES UN BRAVE, SURCOUF! UN GRAND SOLDAT! MAIS JE REFUSE... CAR MOI, JE NE SUIS PAS SOLDAT!
JE NE SUIS QUE LE ROI D'OPÉRETTE D'UN PARADIS QUE VOUS AVEZ SACCAGÉ ET OUTRAGÉ... CE SERAIT DÉCHOIR QUE ME RABAISSER AU RANG DE LIEUTENANT D'UN PETIT CORSE DÉMAGOGIQUE...
TENEZ... OFFREZ-LUI CETTE COURONNE... IL LA PORTERA MIEUX QUE MOI!
CRÉTIN D'IDÉALISTE! VOUS OSEZ REFUSER? SACHEZ QUE JE N'AIME NI LES MUTINS, NI LES...
... NI LES PETITS CONS, JE SAIS!
JE NE VOUS DEMANDE QU'UNE FAVEUR, SURCOUF... ENSUITE, VOUS FEREZ DE MOI CE QUE VOUS VOUDREZ...
QU'AVEZ-VOUS FAIT DE MON FILS?
VOTRE FILS? QUEL FILS?!
PAS BO CAPTAIN! ... QU'AS-TU FAIT DE MON TI' CHARLES! IL EST BRUN COMME MOI ET BLOND COMME SON PÈRE! RÉPONDS, PIRATE!
MA... MADAME... JE... JE...
HÉ! ARRÊTEZ! OÙ ALLEZ-VOUS?
JE SUIS CORSAIRE ET NON FORBAN! NOUS NE SOMMES PAS DES TUEURS D'ENFANTS! DES VIOLEURS, PEUT-ÊTRE... DES VOLEURS, SÛREMENT, MAIS...
TI'CHARLES! MON TI'CHARLES! OÙ EST-IL?
DANS LA FORÊT! OU AU VILLAGE... VITE!!!
NON! NE TIREZ PAS, VOUS AUTRES!
6

...MON ENFANT... MON PETIT... SNFFF...
TI'CHARLES! RÉPONDS! OÙ ES-TU?
7

TI'PA... TI'MAN... JE SUIS FATIGUÉ... OÙ... ÊTES-VOUS ?
SNIFF...
LA GUERRE EST FINIE ? JE... JE PEUX DESCENDRE ?
TI'WANNA... TU... TU ES TOUJOURS LÀ ?
TI'WANNA ! TU DORS, MA DOUDOU, DIS DONC ?
TI'WANN?...
AAAAAAHH !
AAAAAAH ! TI'MAN ! TI'PA !
8

TI'MAN ! TI'PA ! OÙ ÊTES-VOUS?
AAAH!
DU SANG ! DES MORTS ! ... DES CRABES... DES CRABES PARTOUT !
FRÉ' JOSEPH ! TI' JOSS ! TOUS LES DOUDOUS À MOI... HÉ ! RÉVEILLEZ-VOUS ! C'EST PAS UN JEU ?
MA TIT'MAI-SON... TOUTE CASSÉE... ET LÀ... LÀ... MON LIVRE...
BEEEUUH ! MON LIVRE !! ILS... ILS ONT BRÛLÉ MA BELLE CYCLO-PÉDIE !!! BEEEUH !
B...
... HÉE... PSSST...
9

VIENS... PETIT...
SNFFF...
TU... TU ES VIVANT, M'SIEUR?
DIS, M'SIEUR... TU AS MAL ? C'EST PAS UN JEU, LA GUERRE ?
APPROCHE...
OUI... TU LEUR RESSEMBLES... ÉTONNANT... CE CORPS D'ÉBÈNE... CES YEUX BLEUS... CES CHEVEUX DE BRETON... TU ES BIEN LE FILS DE YANN ET D'ASSOMPTION ?
OUI, BO' CAPTAIN ! JE SUIS TI'CHARLES ! DIS, TU CONNAIS MON TI'PA ET MA TIT'MAN ?
DIS, BO' M'SIEUR CAP'TAIN ! TU SAIS OÙ ILS SONT ? TU LES AS VUS ?
OUI... APPROCHE ENCORE... JE VAIS TE LE DIRE...
PLUS PRÈS... MA VOIX EST SI FAIBLE... VIENS... N'AIE PAS PEUR... APPROCHE...
AAAAïiie!
10

TI' ⁂ CHARLES! TI'CHARLES!
TI' CHARLES... RÉPONDS!!
MON PETIT... OÙ ES-TU?
TA GUEULE, CHIENLIT! TON REJETON EST SOUS MA PROTECTION...
!?!!
KER... KERBEUF... VIVANT?!
ET COMMENT! FAUDRAIT TOUTE UNE BORDÉE DE BOULETS POUR ME CREVER...
RESTE AU LARGE, CHIENLIT! ET TOI, LA NÉGRESSE CHAUFFE UN COUTEAU... TU VAS M'EXTRAIRE CE PUTAIN DE PLOMB QUE TU M'AS OFFERT!
⁂ TI'PA! TIT'MAN!
TI'CHARLES!
MON DOUDOU!
11

KERVACHE... LE... LE DIABLE N'A PAS VOULU DE TOI ! SI TU TOUCHES À UN SEUL CHEVEU DE MON...
SI DANS TROIS SECONDES TA PUTAIN N'A PAS TROUVÉ UN COUTEAU, J'ÉCLATE LA TÊTE DE VOTRE MIOCHE !
COU... COUTEAU...
UN...
DEUX...
VOILÀ, CAPTAIN KERBEUF... VOILÀ...
PRENDS GARDE, CHIENNE D'ESCLAVE ! SI TU FAIS UNE ERREUR... OU SI TU TENTES DE ME SURINER, TON TI' CHARLES CRÈVE AVEC MOI...
OUI... OUI... CAP'TAIN KERBEUF...
VAS-Y ! CESSE DE TREMBLER COMME UNE BRANLEUSE, PUTAIN DE NOIRPIAUTE !
RHÂAA !!
ASSOMPTION ! NON !!!
TU L'AURAS VOULU... CHIENNE DE NÉGRESSE !
CLIK
C'EST UN JEU... DIS, M'SIEUR ?
ATTENDS, CAPTAIN KERBEUF... JE... JE VAIS TE SOIGNER...
AAAÏÏE !!
TOI, LE SCORFF ! TROUVE-MOI DU BON TAFIA ET UN LINGE... VITE...
PSSSCHH...
12

..AAARRGH...
?!!
AAARGH...
VOILÀ LE PLOMB, CAPTAIN...
TAFIA... VITE... AAAGH...
HALTE!
PAR LES TOURS DE SAINT-MALO... IL ME SEMBLAIT BIEN QUE ÇA SENTAIT LE PORC BRÛLÉ!
KERBEUF... VIVANT?!!!
MMM... IL SE FAIT SOIGNER LA COUENNE PAR SA PROPRE MEURTRIÈRE... CE DIABLE EST INDESTRUCTIBLE!
C'EST À VOIR, CAPTAIN...
HÉ, LA FILLE! POUSSE TES FESSES!!
MADOUÉ! NON! ATTENDEZ!
QUE...
13

JE VOUS LE DEMANDE SUR VOTRE HONNEUR DE MARIN, SURCOUF... NE TIREZ PAS... VOUS TUERIEZ MA FEMME...
...ET MON FILS !
CE... CE MOUSSAILLON SOUS LA PANSE DE CE CACHALOT... C'EST... C'EST DONC LUI ? VOTRE JEUNE FILS ?!
KERBEUF... J'AI LE TAFIA ET LE LINGE...
UN MIOCHE... BORDEL DE...
NON !
PAS TOI, LA CHIENLIT ! RESTE OÙ TU ES...
QUE TA NOIRAUDE NETTOIE LA PLAIE ET M'APPLIQUE UNE COMPRESSE...
TU... TU N'AS PLUS MAL, M'SIEU ?
AAAGGH !
ÇA VA COMME ÇA... AIDE-MOI À ME RELEVER... ET ÔTE LE FOULARD DE TON PETIT CON DE MARI...
...VITE ! BOUGE-TOI LE CUL !
PLUS SERRÉ, LE PANSEMENT, PUTAIN DE NÉGRESSE !!
14

KERBEUF... FAIS CE QUE TU VEUX AVEC MOI... COUPE-MOI L'AUTRE MAIN, MAIS LAISSE MA FEMME ET MON FILS EN VIE!
PARFAIT... ET MAINTENANT, VIENS CONTRE MOI, SALOPE...
MON DOUDOU...
CORNECOUILLE! ET COMMENT QUE JE VAIS LA GARDER EN VIE TA PETITE FAMILLE...
ELLE VA ME SERVIR D'OTAGE POUR FOUTRE LE CAMP DE CETTE ÎLE, TRANQUILLE COMME BAPTISTE ET RICHE COMME CRÉSUS!
TIT' MAN!
NON! PRENDS CE TRÉSOR... VA-T-EN... MAIS RENDS-LES MOI... ILS SONT TOUT CE QUE J'AI AU MONDE ET...
KERBEUF! HA! HA! TU NE VAS TOUT DE MÊME PAS NOUS FAIRE CROIRE QUE TU VAS T'EN TIRER TOUT SEUL AVEC CES OTAGES, À LA RAME, BLESSÉ ET CHARGÉ DE TOUS CES COFFRES?!
QUI A DIT QUE J'ALLAIS RAMER, MALOUIN?
HÉ! GARÇONS!
OUI, COMMANDANT, COMPRIS!
HA! HA! HA!
M... MADOUÉ!
HÉ! LES CORSAIRES D'EAU DOUCE! LÂCHEZ VOS ARMES ET VOS PAQUETS! HA! HA!
HA! HA! HA!
LE QUEC! GROSSAC! LE NANTAIS! SURVEILLEZ CES CONNARDS! LES AUTRES... RAMASSEZ LE MAGOT!!
15

EMBARQUEZ-MOI TOUT ÇA, ET VOUS AVEC SUR QUATRE CHALOUPES... DÉTRUISEZ LES AUTRES ET TOUT CE QUI FLOTTE À LA COULEUVRINE !
BIEN PATRON !
HA! HA! HA!
PUTAIN DE BALEINE ! CAP'TAIN... ON PEUT PAS RESTER COMME ÇA... SANS RIEN FAIRE... SANS COMBATTRE...
AVEC QUOI, MATELOT?
KERBEUF... JE... JE T'EN SUPPLIE...
QUANT À TA PETITE FAMILLE, ELLE NOUS AMUSERA UN PEU... AVANT D'ATTEINDRE LES NAVIRES !
J'ADORE LES CULS DE NÉGRESSES ET DE MOUSSAILLONS HA! HA!
ET... JE... JE... AAAH... MA BLESSURE...
MON DOUDOU ! PARS ! VITE !
MMFF?
AAGH !!
GNNN !
CHIENLIT D'ESCLAVE !!
JE VAIS TE RENDRE LE PLOMB QUE TU M'AS OFFERT !!
TAK
JE ME CONTENTERAI DU MOUSSAILLON !!!
PLAM !
GHHH...
18

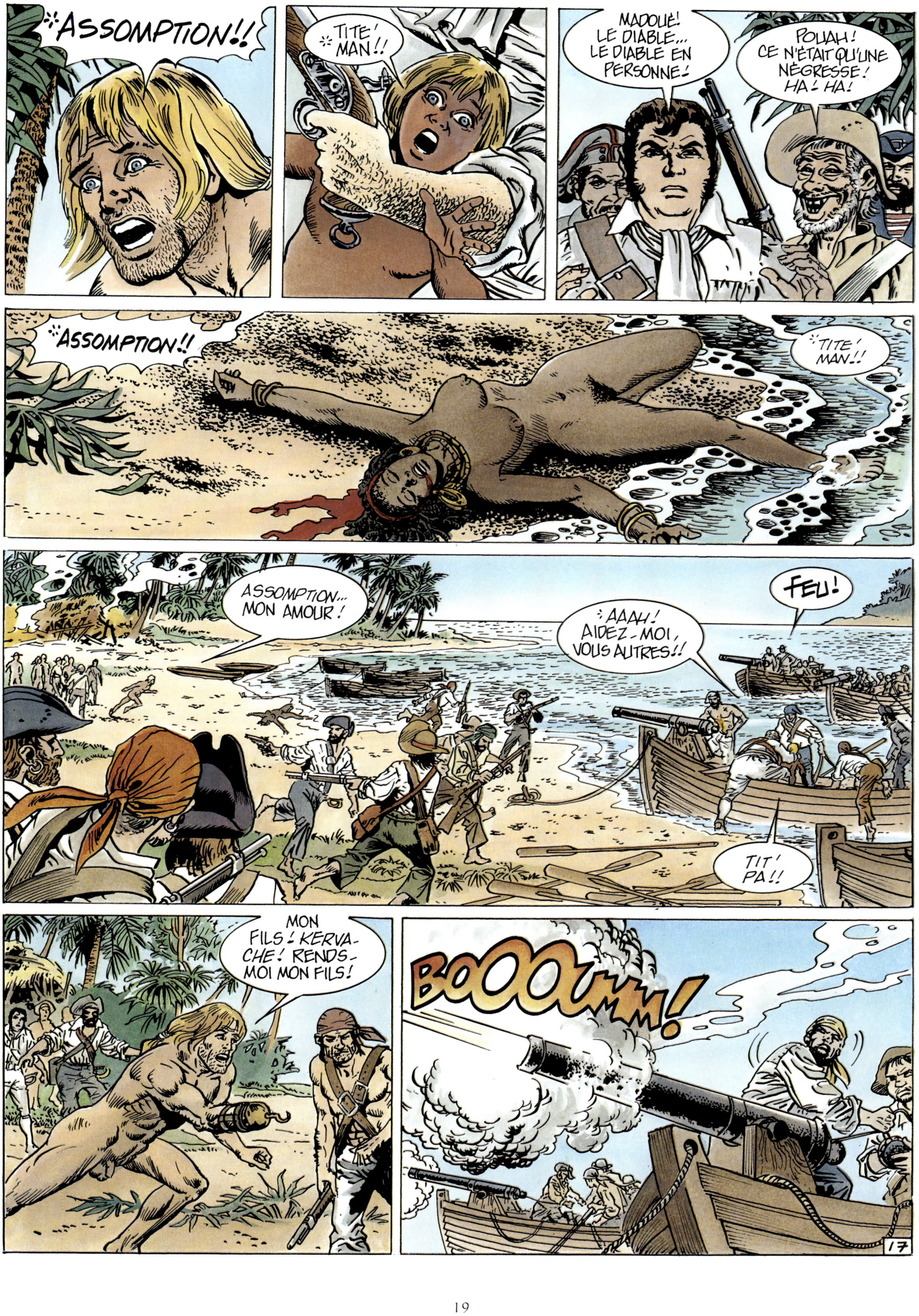
ASSOMPTION!!
TITE' MAN!!
MADOUÉ! LE DIABLE... LE DIABLE EN PERSONNE!
POUAH! CE N'ÉTAIT QU'UNE NÉGRESSE! HA! HA!
ASSOMPTION!!
TITE' MAN!!
ASSOMPTION... MON AMOUR!
AAAH! AIDEZ-MOI, VOUS AUTRES!!
FEU!
TIT' PA!!
MON FILS! KERVACHE! RENDS-MOI MON FILS!
BOOOUMM!
17

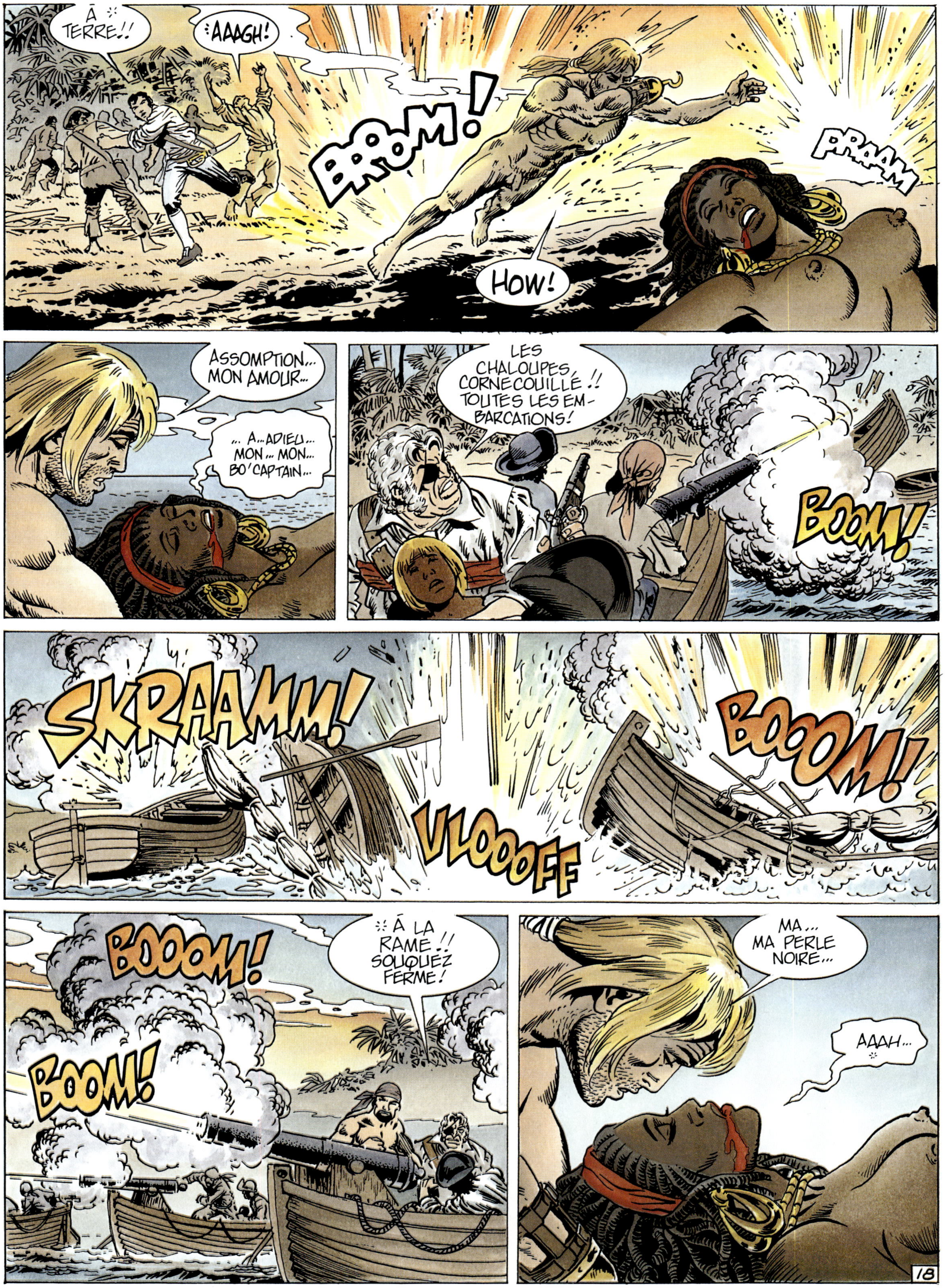
À TERRE!!
AAAGH!
BROOM!
PRAAM
HOW!
ASSOMPTION... MON AMOUR...
... A... ADIEU... MON... MON... BO'CAPTAIN...
LES CHALOUPES, CORNECOUILLÉ!! TOUTES LES EMBARCATIONS!
BOOM!
SKRAAMM!
VLOOOFF
BOOOM!
BOOOM!
BOOM!
À LA RAME!! SOUQUEZ FERME!
MA... MA PERLE NOIRE...
AAAH...
18

HA !
HA! HA!!
ADIEU, SURCOUF !
ADIEU, LES MALOUINS !
ADIEU, CHIENLIT !
HA! HA! HA !
HA !
TI'PA !...
HA! HA!
HA! HA!
ET...
KENAVO !
MADOUÉ !
PLUS UNE SEUL-
LE CHALOUPE !
QUE LES
REQUINS DÉVO-
RENT CETTE
CHAROGNE !
HA! HA! HA!
POUAH !
ILS EN VO-
MIRAIENT !
FOUTUS !
ON EST FOUTUS !
TOUT ÇA À CAUSE
DE CE... CE JEU-
NE...
ATTENDS !!
ASSOMPTION...
MON SEUL ET
UNIQUE
TRÉSOR...
...KENAVO...
19

OUI, KENAVO, KERVACHE ...KE-NAVO!...
...CAR JE TE RETROUVERAI POUR T'ARRACHER MON FILS, OÙ QUE TU AILLES DANS CETTE VALLÉE DE LARMES! JUSQU'EN ENFER S'IL LE FAUT! FOI DE YANN LE SCORFF!
LE RETROUVER? AVEC QUOI? NOUS SOMMES PRISONNIERS À JAMAIS DE CE MAUDIT ARCHIPEL
J'AI CONFIANCE DANS CE GARÇON!
CONFIANCE? NOUS SOMMES PIÉGÉS COMME DES CRABES AU MILIEU DE L'ATLANTIQUE!
...ICI S'ACHÈVE NOTRE DERNIÈRE COURSE, CAPITAINE!
J'AI DIT "VOS GUEULES", CORSAIRES! JE SUIS ENCORE ET TOUJOURS VOTRE OFFICIER! LE PREMIER QUI GROGNE, JE LE JETTE AUX CRABES!
ENTERREZ CES PAUVRES GENS ET RÉCITEZ VOS PRIÈRES!
NON... PAS DE PRIÈRES... LA BEAUTÉ DU SOLEIL COUCHANT SUFFIT À CÉLÉBRER LA GLOIRE D'ASSOMPTION...
ET DE TOUS MES FRÈRES, MORTS ICI POUR LA LIBERTÉ...
Ci-gît une PERLE NOIRE le seul et unique trésor de l'île de la LIBERTÉ-1805
20

J'AI Z'UNE P'TITE ♫ AMIE À PLOUMENEUR... ET J'IRAI LA VOER DIMANCHE AU SOER...
♫ ...J'AURAI BEN SON COEUR COMM' TU PEUX L'CROER...
♫ SI TU VIENS ME VOER DIMANCHE AU ♫ SOER... J'ME FERAI POISSON ♫ DANS L'OCÉAN...
♫ ...T'AURAS PAS MON COEUR COMME TU L'PRÉTENDS... ♫
...SI TU ♫ T'FAIS POISSON DANS L'OCÉAN... J'ME FERAI PÊCHEUR ♫ POUR TE PÊCHER...
...J'AURAI BEN ♫ TON COEUR... COMM' TU LE SAIS... ♫
♫ SI TU T'FAIS PÊCHEUR POUR ME PÊCHER... ♫
♫ JE ME FERAI BICHE ♫ DANS UN BOE...
...T'AURAS PAS MON COEUR ♫ COMM' TU LE...
...LE CROE...
LAISSONS-LE SE REPOSER... JE CROIS EN LUI... ET MAINTENANT, FRÈRES CORSARES... DORMEZ !
MAIS... CAPTAIN SURCOUF...
C'EST UN ORDRE !!
21

MA DOUÉ ! LE SCORFF ! RÉPONDEZ ! OÙ NOUS MENEZ-VOUS DE LA SORTE À TRAVERS VOTRE JUNGLE ?
CUL DE BIGOUDE ! CE GARÇON EST DEVENU FOU, CAP'TAIN...
BAH... DES SANGSUES !
OUAIS... IL MARCHE COMME UN FANTÔME SANS PIPER MOT...
J'AI CONFIANCE...
HÉ ! MOINS VITE, LE SCORFF !
PUTAINS DE MOUSTIQUES !
NOUS SOMMES DE L'AUTRE CÔTÉ DE L'ÎLE !
QUE CHERCHE-T-IL ? NOUS...
LES MALOUINS CROIENT AU MIRACLE ET ILS ONT RAISON...
EN VOICI UN... REGARDEZ !
?!!!
MA DOUÉ !
22

UN... UN VAISSEAU FANTÔME!
LE HOLLANDAIS VOLANT!?
NON, GARÇONS! CE NAVIRE EST MON NAVIRE!!
LE RORQUAL
LE "RORQUAL"!
LE "RORQUAL"! DE... DE CHEZ NOUS! PORTÉ DISPARU IL Y A...
IL Y A PLUS DE TROIS ANS! JE L'AI CACHÉ ICI, DANS CETTE CRIQUE, LOIN DES YEUX DES PIRATES ET DES KERBEUF!
JE SAVAIS... OUI... JE SAVAIS AU FOND DE MOI-MÊME QU'UN JOUR MAUDIT, JE DEVRAIS LE SORTIR DE CETTE CACHETTE VÉGÉTALE...
MAIS... LE SCORFF! TON NAVIRE A ÉTÉ BOUFFÉ PAR LA JUNGLE! IL A PRIS RACINE ET S'EST TRANSFORMÉ EN COCOTIERS!
NON, SURCOUF! JE L'AI DISCRÈTEMENT ENTRETENU DEPUIS TROIS ANS... C'EST MOI QUI L'AI ENSEVELI SOUS LA VÉGÉTATION...
... ÔTEZ CES LIANES, GARÇONS! ET VOUS DÉCOUVRIREZ UN "RORQUAL" PRÊT À NAVIGUER, NETTOYÉ ET ARMÉ!
23

BIENVENUE À BORD ! LEVEZ LES ANCRES ET RENTREZ LES AMARRES ! ON APPAREILLE !
HUILEZ LES MOUFLES ! PARAFINEZ CORDAGES, COULISSES, ÉCOUTILLES ET CABESTANS !
VOUS AVEZ ENTENDU, FAINÉANTS ? PLUS VITE ! TOUS À LA MANOEUVRE !
QUOIQUE... MANOEUVRER DANS CETTE JUNGLE...
SURCOUF ! FAITES MOUILLER DEUX CHALOUPES EN POUPE POUR TIRER LE RORQUAL EN PLEINE EAU !
COMMENCEZ À LARGUER ! OUVREZ LES SABORDS !
OHÉ ! PROFONDEUR 12 BRASSES ! LA QUILLE EST LIBRE !!
HOURRA !
HOOO... HISSE ! HOOO... HISSE...
ÇA Y EST, LE SCORFF... TU AS RESSUSCITÉ LE RORQUAL... LE VOICI DANS LE LAGON ! MAIS POUR COURSER KERBEUF DANS L'ARCHIPEL... C'EST FOUTU !
NON, MALOUIN ! REGARDE CETTE CARTE... LÀ... SUR LE MUR, À GAUCHE !
PENDANT CES TROIS ANNÉES, J'AI EU LE TEMPS D'EXPLORER, DE SONDER ET DE FOUILLER TOUS LES PLATIERS ET TOUTES LES PASSES DE CE LABYRINTHE DE CORAUX...
MADOUÉ !
24

LÀ OÙ LE GRAND CARTIER S'EST FOURVOYÉ EN 1542, MOI J'AI DÉCOUVERT DE VÉRITABLES AVENUES...
AVEC LA BRISE PORTANTE DU SOIR, NOUS ALLONS GAGNER LA PLEINE MER DÈS CETTE NUIT POUR CONTOURNER L'ARCHIPEL PAR L'EST, TOUTES VOILES DEHORS...
PASSE NORD
ROUTE DE KERBEUF
ROUTE DU "RORQUAL"
PASSE SUD-EST
VOIR CARTE DU TOME 2
DEMAIN À L'AUBE, NOUS AURONS TOUT LE TEMPS DE REPRENDRE NOS TROIS NAVIRES POUR SURPRENDRE L'ARRIVÉE DE KERBEUF DANS HUIT JOURS, SUR LA PASSE NORD !
JE SUIS TON HOMME, LE SCORFF ! COMMANDE !!
DÉBOUCHE UNE BOUTEILLE, SURCOUF ! C'EST UN ORDRE !
POUAH !.. NOUS ALLONS NOUS RETROUVER ENCALMINÉS DANS CE MAUDIT ARCHIPEL !
NOUS ALLONS NOURRIR CRABES ET REQUINS...
ET LE PIRE DE TOUS, C'EST KERBEUF !
OUAIS ! ET JE...
SILENCE !
ÉCOUTEZ VOTRE COMMANDANT, LE SCORFF !!
VALEUREUX CORSAIRES ! J'AI DÉCLARÉ LA GUERRE À KERBEUF ! AIDEZ-MOI À LUI ARRACHER MON PETIT CHARLES ET VOUS AUREZ LE BUTIN !
VIVE LE SCORFF !
VIVE LE SCORFF !
HOURRA POUR NOTRE COMMANDANT !
AU CUL, KERBEUF !!
KERBEUF AUX REQUINS !
VIVE NOTRE COMMANDANT LE SCORFF !!
25

LARGUEZ LES VOILES HAUTES! CAP AU 150!!
CAP AU 150!
LARGUEZ LA BRIGANTINE! CAP AU 165!
PUTAIN DE DÉDALE! DROIT AU 165!
DROIT AU 165!!
HÉ LÀ-HAUT... NOT'COMMANDANT! DANS L'PERROQUET!
RAMENEZ LES VOILES HAUTES! LAISSEZ POUSSER LA BRISE DE TERRE! REVENEZ AU 150! PROFONDEUR?
18 BRASSES!
ACRÉ LE SCORFF! QUEL MARIN!
IL A ORDONNÉ AU 150, HÉ, BASTARD!!
LÀ-BAS! LA PASSE SUD EST! DROIT AU 162!
TOUJOURS DROIT AU 162!
PROFONDEUR, 20 BRASSES!
L'OCÉAN, DROIT DEVANT!
26

LA NUIT TOMBE ET NOUS SOMMES DANS L'ATLANTIQUE ! HOURRA !!
LARGUEZ TOUTES LES VOILES ! LARGUEZ TOUS LES RIS !
CAP AU ZÉRO ! PLEIN NORD !
CAP AU ZÉRO ! PLEIN NORD !
AU ZÉRO ! YAKOOO !!
J'AI Z'UNE P'TITE AMIE À PLOUMENEUR... ET J'IRAI LA VOER... DIMANCHE AU SOER...
... ET J'AURAI BEN SON COEUR COMM' TU PEUX L'CROER...
... SI TU VIENS ME VOER DIMANCHE AU SOER...
... J'ME FERAI POISSON DANS L'OCÉAN...
MADOUÉ ! QUE FAIT NOT' JEUNE COMMANDANT TOUT LÀ-HAUT ? IL NE CHANTE PAS AVEC NOUS ?
FOUTEZ-LUI LA PAIX, GARÇONS ! ET TOI, GARDE TON CAP !
... T'AURAS PAS MON COER COMM' TU L'PRÉTENDS...
27

LA TEMPÊTE NOUS GUETTAIT AU COIN DE L'OCÉAN, LE SCORFF!
MMH... EN PRENANT AU LARGE... C'ÉTAIT LE RISQUE...
VOUS CONNAISSEZ LES MANŒUVRES, SURCOUF... RÉDUISEZ LA TOILE... GARDEZ AU CAP LOIN DE LA CÔTE POUR NE PAS ÊTRE DROSSÉ... AVITAILLEZ EN EAU DE PLUIE... *HIC*...
J'ÉTABLIS DES QUARTS... LA NUIT SERA LONGUE, ET LE "RORQUAL" AFFRONTE DES CREUX DE 10 COUDÉES...*
* ENVIRON 5 MÈTRES.
LE "RORQUAL" EST SOLIDE COMME UN MALOUIN, L'AMI! ET SES CALES SONT PLEINES DE BONNES SURPRISES! ORGANISE UNE TOURNÉE DE TAFIA POUR TOUS... MOI... *HIC* C'EST DÉJÀ FAIT!
À TES ORDRES, COMMANDANT! LE TAFIA SAIT NOYER NOS LARMES... ET VIVE LA ROYALE! *
* MARINE FRANÇAISE D'ÉTAT.
28

QUI PARLAIT D'UNE LONGUE NUIT? MADOUÉ! VOILÀ SIX JOURS QUE NOUS BALLOTONS À LA DÉRIVE DANS LE COIN RÉPUTÉ CALME!
KERBEUF M'AURA TOUT FAIT! CE DIABLE A RÉVEILLÉ LA MER DES SARGASSES!!
POUR SÛR! LUI, IL GLISSE TRANQUILLEMENT SUR LES EAUX PAISIBLES DES LAGONS!
SI LA TEMPÊTE PERSISTE, NOUS ALLONS LE PERDRE... OU NOUS PERDRE!
NON! JE LE RETROUVERAI... SUR LA MÉMOIRE D'ASSOMPTION! JE LE RETROUVERAI...
... DUSSÉ-JE NAGER JUSQU'À LUI AU MILIEU DES OURAGANS OU DES REQUINS... DUSSÉ-JE PLONGER DANS LES TÉNÈBRES DES ABYSSES!
MES CORSAIRES N'AIMENT PAS CES EAUX INCONNUES... ILS GROGNENT... BONS MARINS, MAIS TÊTUS ET SUPERSTITIEUX COMME DES BRETONS!!
TIENS, L'AMI... VOICI LES CLEFS DE LA SAINTE-BARBE... REMONTE-NOUS DES ARMES POUR TOI ET MOI!
ET APPRENDS COMMENT ON ANTICIPE LA DÉRIVE SUR LA ROUE POUR GARDER LE CAP AU ZÉRO!
TOI, GARÇON! DONNE-MOI LE GOUVERNAIL!
EUH... OUI, PATRON!
MADOUÉ!
29

SURCOUF?! QUE...
COMMANDANT! C'EST L'AUBE... ET LA PASSE NORD EST EN VUE, DROIT DEVANT!
PLUS HAUT, LA VIGIE! PLUS HAUT!!
OUI... C'EST BIEN LA PASSE NORD... LA TEMPÊTE EST RETOMBÉE... BON SANG! AUCUN NAVIRE À L'ANCRE!!
CORNECOUILLE DE CACHALOT!!! KERBEUF NOUS A DEVANCÉS! IL A FAIT MAIN BASSE SUR NOS TROIS VAISSEAUX ET LEURS ÉQUIPAGES DE GARDE!
NON! CE FUMIER DE REQUIN NE PEUT S'ENCOMBRER DE TÉMOINS...
JE LE CONNAIS TROP... IL NE DIVISERA JAMAIS SON BUTIN... IL VEUT TOUT POUR LUI... TOUT... Y COMPRIS MON FILS... ET JE...
OHÉE! ÉPAVES DROIT DEVANT À DIX HEURES!!!
30

CORNE-COUILLE DE... DE... NOS... NOS NAVIRES...
DEUX D'ENTRE EUX, EN TOUT CAS !!
CARGUEZ LES VOILES ! LAISSEZ VENIR DOUCEMENT !
MADOUÉ ! LA... LA MER EST ENCORE ROUGE !
LES REQUINS SE SONT RÉGALÉS !
LES PLANTEURS DE POUDRE ET DE BRÛLÉ FLOTTENT ENCORE...
LE CARNAGE NE REMONTE PAS PLUS LOIN QUE HIER SOIR, ET...
LÀ-BAS ! UN NAUFRAGÉ ! UNE CHALOUPE ! VITE !!
C'EST P'TIT LUC, VOT' MOUSSE, CAPITAINE SURCOUF !
UN PIED BOUFFÉ... LA TRIPE À L'AIR... L'EST FOUTU !
CAP'TAINE... J'AI... J'AI... MAL... MAL... AAAAHHH...
BIENVENUE À BORD, MON P'TIT LUC ! TIENS... BOIS TON PREMIER TAFIA ! ÇA S'ARROSE ! HA ! HA ! HA ! ALLEZ, CAUSE-NOUS UN PEU, BONHOMME...
KERBEUF NOUS A SURPRIS... IL... IL A FAIT FUSILLER MON ÉQUIPAGE... JE... JE ME SUIS CACHÉ... IL... IL A FAIT SABORDER LE "FLEURUS" ET LE "JEMMAPES"... J'AI... PLONGÉ... ET...
P'TIT LUC ! AS-TU VU UN ENFANT ? PARLE !
JE... JE... NE SAIS PAS... J'AI MAL... AAAAH... KERBEUF... PARTI... MÉ... MÉ... MÉDITERRA... NÉE... JE... AAAAAH...
AAAH !
31

AMEN...
OUI, LA MÉDITERRANÉE, POUR REGAGNER PARIS... BIEN SÛR ! CE FUMIER EST TRICARD EN BRETAGNE ET SUR LES PORTS DE L'ATLANTIQUE... TROP RISQUÉ... SURTOUT AVEC SON MAGOT !
KERBEUF ? PAR GIBRALTAR ? MAIS... LES ANGLAIS GROUILLENT PIRE QUE DES CHIENS DE MER ! *
LE DIABLE NE CONNAÎT PAS DE BLOCUS ! IL N'A QU'UNE NUIT D'AVANCE SUR NOUS... ON FONCE !
* PETITS REQUINS QUI VIVENT EN BANDE.
NON ! PAS MOI ! J'VEUX PAS FINIR COMME LE MOUSSE !
VA TE FAIRE DÉVORER PAR KERBEUF... MAIS NE COMPTE PAS SUR NOUS, LE SCORFF !
RAS LE BONNET DE TA COURSE, COMMANDANT !
OUAIS ! ON RENTRE CHEZ NOUS À SAINT-MALO !
CORNECOUILLE ! DES CORSAIRES MALOUINS QUI ABANDONNENT COMME DES POULES MOUILLÉES ! HA ! HA ! HA !!!
ILS RIRONT BIEN, CHEZ TY L'ARGOAT QUAND ILS APPRENDRONT ÇA ! HA ! HA ! HA !
L'ARGOAT... IL SAURA RIEN !...
... VU QU'IL NE S'EST RIEN PASSÉ ET QU'IL NE SE PASSERA RIEN !
TON FILS, LE SCORFF A ÉTÉ ABANDONNÉ AUX CRABES DE L'ARCHIPEL !
VOS GUEULES, GARÇONS ! VOUS AVEZ ENTENDU VOTRE COMMANDANT ? TOUS À LA MANŒUVRE ! ON FONCE AU CUL DE KERBEUF !!!
?!
?!!?
CAP PLEIN EST AU 90, CORSAIRES ! LARGUEZ TOUTES LES VOILES ! IL Y A DE L'OR ET UN BRAVE MOUSSE À VENGER !
32

VOICI LA CINQUIÈME AUBE !
VIGIES ! À VOS QUARTS, SUR LES HUNES LES PLUS HAUTES !
BON SANG ! ENCORE AU GOUVERNAIL, L'AMI ! ? TU NE DORS PLUS ! TU NE MANGES PLUS ! TU...
JE BOIS, SURCOUF... JE BOIS...
COMMENT SE COMPORTE L'ÉQUIPAGE, MALOUIN ? ET... TOI, LE BRESTOIS, QUELLE EST LA VITESSE ?
HIC...
12 NOEUDS, PATRON !
TES PAROLES SUR LE JEUNE MOUSSE... ONT TOUCHÉ LEUR CORDE SENSIBLE ! MAIS CE KERBEUF LES TERRORISE ET ILS...
12 NOEUDS !! CORNECUL DE MES DEUX COUILLES !! ÇA MOLASSE, SURCOUF ! DONNE L'ORDRE DE TOUT BALANCER À LA MER ! TONNEAUX DE LEST, SACS DE SABLE*, CANONS ET MITRAILLE DE L'ENTREPONT !!
?
?!
MF..HIC !
* SABLE DESTINÉ À IGNIFUGER LE PONT.
LE SCORFF ! TU... TU N'Y PENSES PAS ! ? COMMENT ALLONS-NOUS... EUH... JE...
AU TRAVAIL !
À TES ORDRES, COMMANDANT !
DOUBLONS DE VOILES ET DE CORDAGES ! OUTILS ! MEUBLES ! CHALOUPES ! RATIONS !
MAIS PAS LE TAFIA !... HIC...
FOLIE !!
33

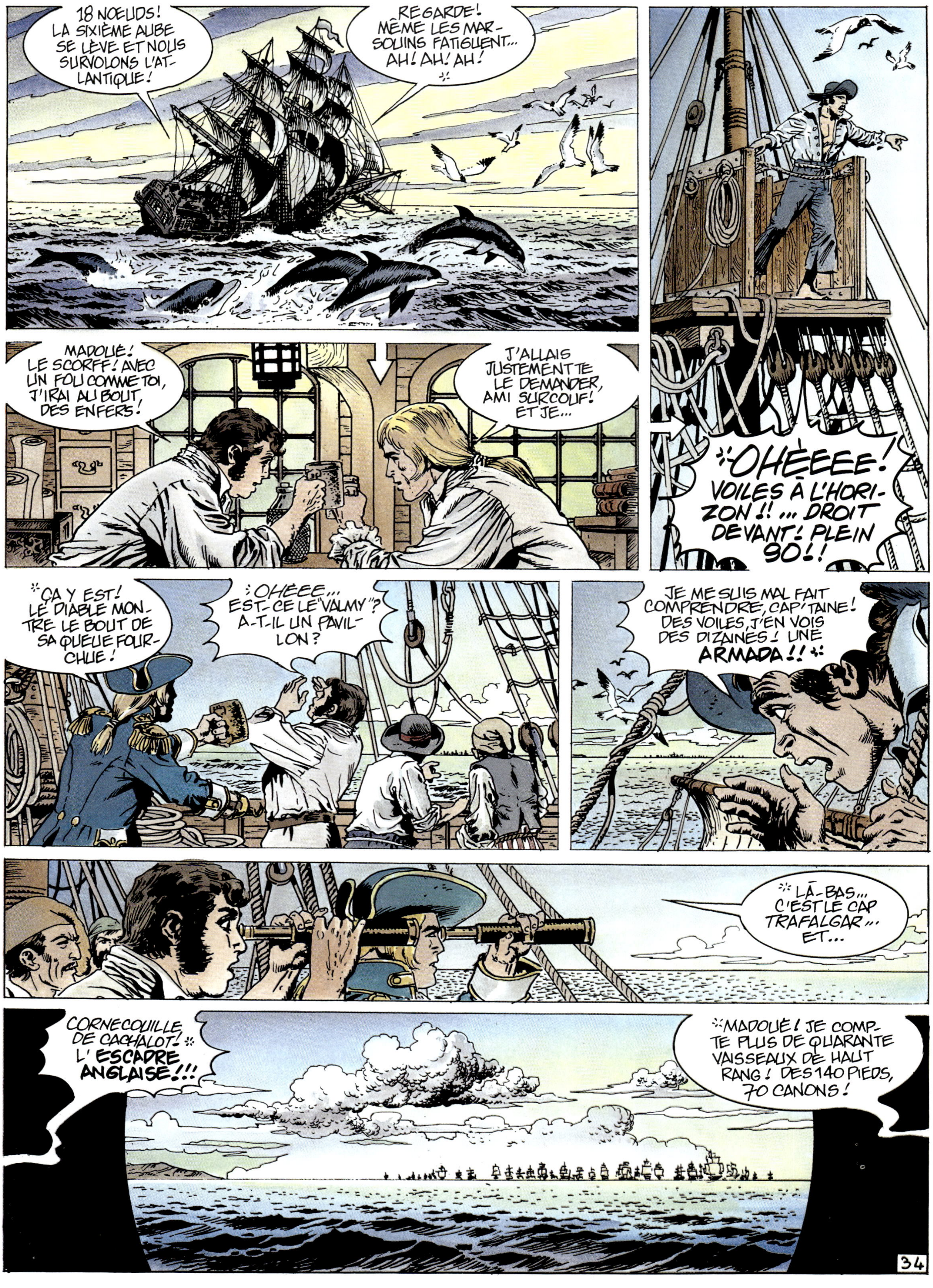
18 NOEUDS ! LA SIXIÈME AUBE SE LÈVE ET NOUS SURVOLONS L'ATLANTIQUE !
REGARDE ! MÊME LES MARSOUINS FATIGUENT... AH ! AH ! AH !
MADOUÉ ! LE SCORFF ! AVEC UN FOU COMME TOI, J'IRAI AU BOUT DES ENFERS !
J'ALLAIS JUSTEMENT TE LE DEMANDER, AMI SURCOUF ! ET JE...
OHÉEEEE ! VOILES À L'HORIZON !! ... DROIT DEVANT ! PLEIN 90 !!
ÇA Y EST ! LE DIABLE MONTRE LE BOUT DE SA QUEUE FOURCHUE !
OHÉEE... EST-CE LE "VALMY" ? A-T-IL UN PAVILLON ?
JE ME SUIS MAL FAIT COMPRENDRE, CAP'TAINE ! DES VOILES, J'EN VOIS DES DIZAINES ! UNE ARMADA !!
LÀ-BAS... C'EST LE CAP TRAFALGAR... ET...
CORNECOUILLE DE CACHALOT ! L'ESCADRE ANGLAISE !!!
MADOUÉ ! JE COMPTE PLUS DE QUARANTE VAISSEAUX DE HAUT RANG ! DES 140 PIEDS, 70 CANONS !
34

CES COCUS BARRENT LE DÉTROIT DE GIBRALTAR ET BLOQUENT CADIX !
LÀ... ENTRE EUX ET NOUS... UN PEU SUR TRIBORD... LE... LE...
... LE "VALMY" !
IL CINGLE DROIT SUR L'ESCADRE ! IL... IL EST DEVENU DÉMENT !
NON, SURCOUF... NON ! FAIS UN GROSSISSEMENT SUR LE PAVILLON DU GRAND-CACATOIS ET TU PIGERAS...
UN... UN K...
KERBEUF !
UN SIGNAL DE RECONNAISSANCE ! C'EST POUR CELA QUE L'ANGLAIS NE CANONNE PAS ET...
MADOUÉ ! QUE FAIT-IL ?!!
LES VAISSEAUX DE FLANC LUI OUVRENT UN PASSAGE VERS LE...
... LE "VICTORY" ! LE GRAND NAVIRE AMIRAL ! 166 PIEDS... 104 CANONS !
CORNECOUILLE DE... DE... LE SCORFF ! SUR QUOI NOUS AS-TU PRÉCIPITÉS ?
SUR LA FLOTTE DE SA MAJESTÉ TOUTE BRITANNIQUE GEORGE III, CONDUITE PAR L'AMIRAL NELSON EN ORDRE DE BATAILLE !
DE BATAILLE ?! CONTRE QUI, MADOUÉ ? CONTRE QUI ? L'ESPAGNE ?
L'ESPAGNE POUR SÛR... LE RESTE DU MONDE, SANS AUCUN DOUTE... LA FRANCE, INDUBITABLEMENT !
L'EMPEREUR...
35

OHÉÉÉÉÉ, CAP'TAINE! LES NÔTRES FORCENT LE BLOCUS! J'APERÇOIS LE PAVILLON DE "LA ROYALE" EN TÊTE!
AVEC L'AUBE, VILLENEUVE TENTE UNE SORTIE DE CADIX! MAIS IL...
PUISQUE CES MESSIEURS AIMENT LA GUERRE ET LES PAVILLONS...
... QU'ON HISSE LE MIEN!!
JOSSELIN ET YANN... ENSEMBLE... SUR LEUR VAISSEAU IMMOBILE... IL Y A SI LONGTEMPS... LÀ-BAS À SAINT-MALO... JE TE RACONTERAI, L'AMI... PLUS TARD... QUAND LES GUERRES SERONT FINIES... AUTOUR D'UN MUSCADET...
LE SCORFF... QUE... QUE VEUX-TU FAIRE?
MAIS... QU'EST-CE QUE ÇA SIGNIFIE?
PROFITONS DE LA SORTIE DES FRANÇAIS! DROIT SUR LE "VALMY"! ON FONCE AVANT QUE L'ESCADRE NE SE REFERME SUR LUI!!
OUVREZ LA SAINTE-BARBE! ARMEZ-VOUS!
JETEZ TOUT LE RESTE PAR DESSUS BORD! ON DOIT POUVOIR ATTEINDRE LES 20 NOEUDS!
LE RORQUAL
C'EST TOI QU'ON VA JETER, LE SCORFF!
TU NOUS ENTRAÎNE VERS LA MORT!
AU DIABLE KERBEUF, LE TRÉSOR, TON FILS ET LES ANGLAIS!!
36

ILS ONT RAISON, L'AMI ! ... CETTE GUERRE N'EST PAS LA NÔTRE ! L'ANGLAIS VA NOUS BALAYER ET...
TU VOULAIS M'ACCOMPAGNER JUSQU'AUX ENFERS, SURCOUF... ALORS... SUIS-MOI !!!
YANN ! KERBEUF A TRAITÉ UN MARCHÉ DIABOLIQUE AVEC LE BRITISH ! TON FILS N'EST PLUS... CETTE BATAILLE NE TE CONCERNE PLUS... ORDONNE LE DEMI-TOUR... IL EST TEMPS... VITE !!
WHAT'S THIS ?
THEY'RE CRAZY !
ON STARBOARD ! FIRE !
BROOM
BAOOM
KBOOM
MADOUÉ !!
FLOOSH
FTOOOOH
LE RORQUAL
IL Y A EU ASSEZ DE MORTS COMME ÇA, LE SCORFF ! ORDONNE LE DEMI-TOUR !
TU DEVIENS COMME KERBEUF !
CETTE ÎLE T'A RENDU FOU, LE SCORFF...
TU ES FOU !
FOU ! FOU !
FOU ! FOU ! FOU !
37

FISHHH
OHÉÉE, VALEUREUX CORSAIRES! VOICI MES DERNIERS ORDRES! BÂBORD, TOUTES! DEMI-TOUR! GARDEZ LA TOILE! ET... KENAVO!!
NON! LE SCORFF!!
FLOOSHH
LÀ-BAS! IL NAGE VERS LA BATAILLE QUI VIENT DE COMMENCER...
UNE BATAILLE QUI N'EST PAS LA NÔTRE! NOUS NE SOMMES QUE DES CORSAIRES!
MADOUÉ... DES CORSAIRES SANS COUILLES... ET SANS HONNEUR...
ADIEU, L'AMI...
FTOOM
FLOOSH
FTOOSH
38

BROOM
BOOOW
HEY! SIR! HERE! A SWIMMER ON BOARD!
GODDAM! FIRE! FIRE!!
PAM
BANG
WHERE'S HE?
DROWNED, SIR!
39

BRAOOM!
GRAOOK
BOOOM
LÀ-BAS... LE "VALMY" S'EST ÉPAULÉ AU "VICTORY"...
FEU SUR LE "VICTORY"!
BON DIEU! IL SE PROTÈGE DERRIÈRE UNE FRÉGATE!!
LE CON!!
BROOM
FIRE ON "BUCENTAURE"!
BOOM
BOOM
MADOUÉ... JE... JE SUIS PRIS ENTRE DEUX FEUX!
FTOOM
AAAGH!!
40

AAAH!
AAAH...
HELP! HELP!!
RHAAA!
CHARLES! TI' CHARLES! C'EST MOI! TON PÈRE! OÙ ES-TU ?... CHARLES!
AAAHH... AU SE... COURS...
BRAOOM
BOOOM
FTTOOSH
TI' CHARLES!!
41

FTOOOM
AAARRRGH!
AAAAH...
LE... LE VALMY QUITTE LE VICTORY!
NON... NON...
KERVACHE! LA CHIENLIT EST LÀ! ATTENDS-MOI!
RHÂÂÂGH!
VICTORY
LE VALMY
42

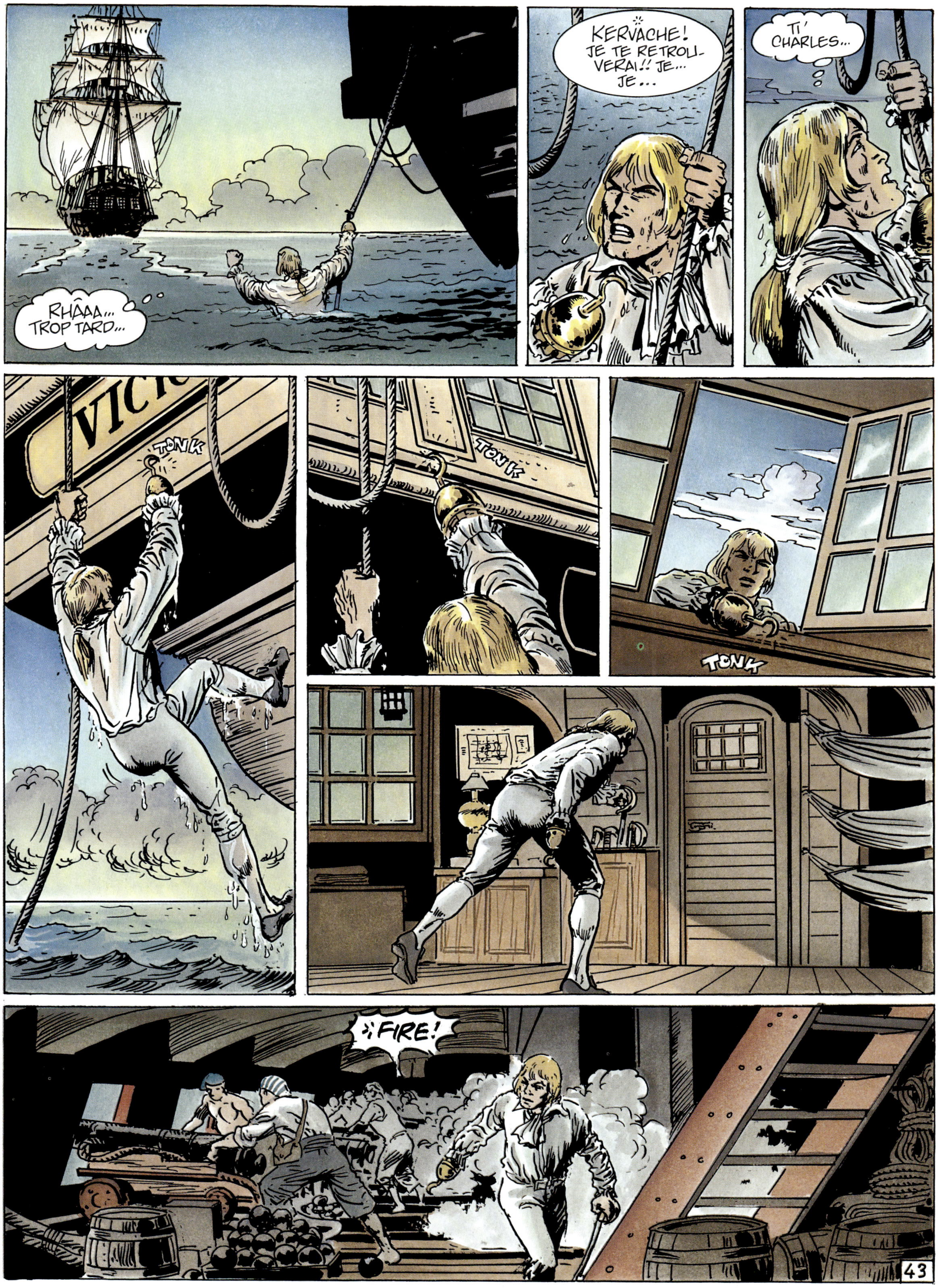
RHÂAA... TROP TARD...
KERVACHE! JE TE RETROUVERAI!! JE... JE...
TI' CHARLES...
TONK
TONK
TONK
¡FIRE!
43

SCÉNARIO : J.Y MITTON-	DESSINS : F. MOLINARI-	COULEURS : S. BALLAND	T. 6 SUIVANT : "LA BELLE, LE DIABLE ET LE CORSAIRE."

Album Soleil 9 rue Racine - 83000 Toulon
Tél : 04 94 185 185 - Fax : 04 94 62 30 21
Dépôt légal novembre 1997 - ISBN 2 - 87764 - 633 - 5

Conception graphique : **Laurent Arnaud pour Soleil**
Photogravure intérieure : **Quadriscan - 04 Oraison**
Photogravure de couverture : **Infoscan - 06 Sophia Antipolis**
Impression et reliure : ***Partenaires-Livres***®

Deuxième Carte establie par nou
Bermudarum Triangulum
magnum Archipelago
CORALLII MAURI
Troisième Carte
VENTI ALISEI
VIRGO
CORALLII